A   querido

Com carinho e votos de paz

Maria Anita Rosas Batista

VOVÔ JUCA
E OS CAROÇOS DE MANGA

Salvador
1. ed. – 2016.

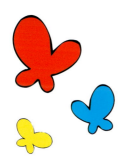

Divaldo, irmão querido.

Parabéns pelos mais de 60 anos de mediunidade com Jesus, esparzindo paz, amor e luz por uma Humanidade mais feliz!

Agradecemos felizes a sua abençoada mediunidade, a sua messe de amor.

Maria Anita

©(2007) Centro Espírita Caminho da Redenção – Salvador, BA.
1. ed. – 2016 (1ª reimpressão)
2.000 exemplares – (milheiros: do 4º ao 5º)

Revisão: Adriano Mota Ferreira
         Manoelita Sousa Rocha

Editoração eletrônica: Hayrla Silva e Ailton Bosco
Capa e ilustrações: Sandoval Reis
Coordenação editorial: Prof. Luciano de Castilho Urpia
Produção gráfica:
    LIVRARIA ESPÍRITA ALVORADA EDITORA
    Telefone: (71) 3409-8312/13 – Salvador, BA
    Homepage: www.mansaodocaminho.com.br
    E-mail: <leal@mansaodocaminho.com.br>

Dados Internacionais de Catalogação na Publicação (CIP)
(Catalogação na fonte)
Biblioteca Joanna de Ângelis

	BATISTA, Maria Anita Rosas.
Bati333	*Vovô Juca e os caroços de manga*. 1. ed. / Salvador: LEAL, 2016. 56 p. ISBN: 978-85-7347-177-9 1. Contos 2. Infantojuvenil I. Batista, Maria Anita II. Título
	CDD: 028.5

DIREITOS RESERVADOS: todos os direitos de reprodução, cópia, comunicação ao público e exploração econômica desta obra estão reservados, única e exclusivamente, para o Centro Espírita Caminho da Redenção. Proibida a sua reprodução parcial ou total, por qualquer meio, sem expressa autorização, nos termos da Lei 9.610/98.

Impresso no Brasil
Presita en Brazilo

Este livro foi impresso na
LIS GRÁFICA E EDITORA LTDA.
Rua Felício Antônio Alves, 370 – Bonsucesso
CEP 07175-450 – Guarulhos – SP
Fone: (11) 3382-0777 – Fax: (11) 3382-0778
lisgrafica@lisgrafica.com.br – www.lisgrafica.com.br

Gostou das sugestões de vovô Juca, de Ana e do pessoal do sítio Beija-flor sobre a festa do Natal?

_____

_____

_____

_____

_____

Escreva aqui, neste espaço, suas sugestões de presentes artesanais para os aniversários e o Natal.

_____

_____

_____

_____

Leia os ensinamentos de vovô Juca e dê sua opinião.

_____

_____

_____

_____

_____

_____

Como você celebra a festa de Natal em seu lar?

_____

_____

_____

_____

_____

_____

Descubra os três projetos do vovô Juca embutidos em nossa história, criando títulos sugestivos para eles.

_____

_____

_____

_____

_____

Comente com seus familiares, na reunião do Evangelho no Lar, a passagem evangélica da semente de mostarda e a mensagem de Joanna de Ângelis, e escreva o que mais você aprendeu sobre esses temas.

_____

_____

_____

_____

Assim como Ana, Sr. Juca e tia Maria, faça também a sua oração da noite, escrevendo-a neste espaço.

_____

_____

_____

_____

_____

Dê sua opinião sobre as atividades sociais de Ana e de seus colegas da Escola.

_____

_____

_____

_____

_____

Agora é com você
CONVERSANDO SOBRE A NOSSA HISTÓRIA

Escreva, neste espaço, um texto sobre o vovô Juca.

_____

_____

_____

_____

O que você entende por terceira idade ou melhor idade?

_____

_____

_____

_____

_____

_____

Roteiro Metodológico

AOS PAIS E EDUCADORES

CONTEÚDO:

* Os benefícios da vida na Natureza e o contato com os seus quatro reinos: mineral, vegetal, animal e hominal.
* A ternura e o respeito da criança pela terceira idade.
* O trabalho voluntário, a oração e o Evangelho no Lar.
* Reflexões acerca do desenvolvimento intelecto-moral do ser, tendo como base a passagem evangélica da semente de mostarda e a mensagem de Joanna de Ângelis.
* Reflexões sobre as árvores e o meio ambiente.
* Os presentes e os enfeites de Natal confeccionados artesanalmente.
* Reuniões familiares com melodias folclóricas, danças e diálogos.

Sugestões e propostas:

* Conversar com a criança sobre esses assuntos de nossa história.
* Criação de hortas e pomares onde as crianças poderão plantar e colher, mantendo contato com a terra, a água e os vegetais.
* Visitas ao jardim zoológico para acompanhar o cuidado com os animais silvestres. Cuidados com os animais domésticos.
* Proporcionar oportunidades de visitas às creches, aos orfanatos, aos abrigos para idosos etc., trocando ideias sobre o valor do trabalho voluntário.
* Criar oficinas de arte para a confecção dos presentes, enfeites e cartões de Natal.
* Incentivar os momentos de oração no lar e na escola e o contato com a vida de Jesus através do Seu Evangelho.
* Formar laboratórios para debates, histórias em quadrinhos, teatros, reflexões sobre vovô Juca e Ana, bem como sobre as mensagens de Jesus e de Joanna de Ângelis.

E a estrada toda em festa
Como uma bela floresta
Cobriu-se de frutos, flores e
De mágicos esplendores.
E vestindo-se de esperança,
Trouxe de volta a bonança.

Joanna de Ângelis, a mentora querida,
Qual mãe-amiga, enternecida,
Oferece-nos lições de paz e de vida.
Onde for plantado cresça,
Reverdeça, floresça.
Você, amigo, é uma semente de luz
Desabrochando ao doce olhar de Jesus.

E a nossa história virou poesia...

Semente de luz
Maria Anita Rosas Batista

Jesus, o Divino Semeador,
Com todo o amor
Saiu a semear.
Novas searas foi preparar,
Lançando luminosas sementes
No campo abençoado da mente.

Pensando em Jesus,
Nosso Mestre de luz,
Vovô Juca, bom ancião,
Tomou em suas mãos
Sementes vivas, palpitantes
Quais estrelas cintilantes
Enfeitando a nova estação.

Nesse momento, as suas amigas vieram, correndo, convidá-la para um passeio.

E juntas caminharam até a estrada para admirar as vinte lindas mangueiras.

Colhendo os seus frutos e aproveitando a sombra amiga das árvores, Ana passou a contar-lhes a história dos projetos do vovô Juca, que revolucionaram a comunidade do sítio Beija-flor.

"E a semente caiu em terra boa e produziu bons frutos."

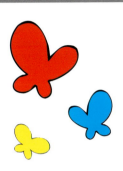

Era como se estivesse ouvindo, novamente, o avô dizer-lhe:

– Veja! Este caroço de manga parece pequeno, sem valor, mas dentro dele mora uma árvore completa, com as flores, os frutos e com capacidade para dar sombra, beleza e amor, enriquecendo a paisagem.

Toda semente, por mais pequenina que seja, pode dar origem a uma farta colheita, como nos ensinou Jesus.

– Filha, Joanna de Ângelis nos orienta que devemos florescer e produzir frutos onde estivermos... "São os frutos da paz, da alegria, do trabalho e da bondade.

Lembre-se, sempre, querida.

Você é uma semente de luz!"

Ana recorda os ensinamentos de vovô Juca

Seu pensamento voou, então, para aqueles tempos de menina, e recordou as palavras do avô, sempre cheias de sabedoria:
– Filha, nunca abandone os seus sonhos. Jamais atire fora as boas oportunidades que surgirem.

"Seja motivo de alegria para todas as pessoas."

A antiga estrada tornou-se um aconchegante e belo pomar.

Olhou para a estrada e viu as mangueiras altas, vitoriosas, balançando os seus galhos cheios de frutos amarelinhos como pedaços de Sol.

— A estrada ficou realmente muito bonita, toda enfeitada com as mangueiras. Parecem bandeiras verdes balançando-se ao vento — pensou a jovem.

E Ana, então, refletiu:

— Elas floresceram e frutificaram no local onde foram plantadas.

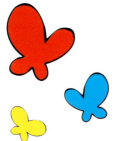

E as mangueiras tornaram-se árvores frondosas e belas

Um dia, durante as férias, Ana, saudosa da sua infância, recordava-se daquele ano em que, juntamente com o vovô Juca, havia plantado os seus caroços de manga e os de seus amigos.

Lembrava-se de como as mudas foram crescendo pouco a pouco, exigindo muitos cuidados.

– Cada uma dessas mangueiras possui uma bela história para contar – pensava ela.

De fato, se as mangueiras pudessem falar, teriam muitas histórias sobre as borboletas, os passarinhos, as chuvas, o Sol, os cuidados de vovô Juca e de Ana, e também sobre as pessoas que passaram pela estrada.

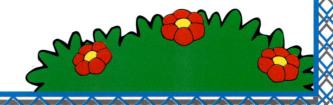

O trabalho voluntário

Ana, juntamente com um grupo de colegas, acompanhados por seus professores, visitavam sempre abrigos para idosos, orfanatos e creches.

Apresentavam pequenas peças de teatro, e o coral da escola entoava belas melodias.

Os adolescentes adoravam participar do trabalho voluntário da escola.

Nesses momentos, eles ofereciam às pessoas que encontravam um sorriso, uma flor, um aperto de mão.

Ana e seus colegas visitando a creche Criança Feliz.

A adolescência de Ana

A menina se desenvolveu muito bem, estudou bastante e se tornou uma bela adolescente.

Continuava a passar as férias de dezembro com o vovô Juca, tia Maria e os jovens do sítio.

Algumas vezes trazia as amigas para que elas pudessem, também, aproveitar as belezas do Beija-flor.

Vovô Juca, o bom velhinho, continuava feliz e com saúde. Ele era muito amado por todos.

Crianças, jovens e adultos o procuravam para conversar, beneficiando-se com suas experiências e sabedoria.

Os anos passaram rapidamente...
Voaram nas asas do tempo...

Em todas as férias, Ana realizava torneios de natação, aproveitando as águas límpidas do rio Cristal.

E, assim, todos os anos Ana voltava ao sítio para, em companhia de seu avô Juca e da tia Maria, passar as férias de dezembro.

As belas mangueiras cresciam fortes, todas verdes, esperançosas, prometendo muita alegria para o futuro.

A Natureza, em festa, banhava de luz e cor toda a fazenda Beija-flor.

Ana e seus familiares reunidos para o Evangelho no Lar.

A noite de Natal

Na noite de Natal, Ana, vovô Juca, tia Maria e seus pais, Clara e Francisco, que já haviam chegado, fizeram o Evangelho no Lar, recordando o nascimento de Jesus.

Ana e seus amigos ensaiaram com tia Maria a melodia NOITE FELIZ. Foi uma bela apresentação com o acompanhamento dos violeiros e sanfoneiros da fazenda.

As famílias dos colonos foram à casa do vovô Juca para juntos participarem da Ceia de Natal e da entrega dos presentes.

Os patrões e funcionários do Beija-flor se estimavam muito, formavam uma grande família.

O alegre pessoal do Beija-flor, no encerramento de mais uma noite de trabalhos artesanais.

No fim do ano, os moradores do sítio Beija-flor fizeram uma reunião para combinar sobre os detalhes do novo projeto da comunidade.

Para o Natal que estava chegando, os presentes, os enfeites e os cartões seriam todos confeccionados, artesanalmente, pelas famílias reunidas.

Neste ano, eles não iriam às lojas para comprá-los. Assim, fizeram alegres serões para confeccioná-los. Prepararam pipocas, milho verde, conversaram, dançaram e riram muito.

Criaram lindos estojos e porta-joias, reutilizando caixas de sabonete e de outros produtos. Pintaram toalhas, camisetas e objetos decorativos de louça.

As crianças fizeram belos marcadores de livros e miniaturas de papel machê.*

* Massa feita de papel e cola.

Os preparativos para a festa de Natal

As festas de Natal e de Ano-novo chegaram e foram emocionantes como sempre. As famílias reunidas e felizes armaram o lindo presépio para recordar o nascimento de Jesus. Enfeitaram o velho pinheiro do sítio com lâmpadas coloridas, laços de fitas e figuras natalinas desenhadas e recortadas por Ana e pelos meninos do Beija-flor.

Confeccionaram, também, os seus próprios cartões de Natal para enviar aos parentes e amigos. Ficaram lindos!

Ana adorava as festas e as reuniões familiares.

A família reunida para a oração da noite.

A oração da noite

Ana convidava o vovô Juca e a tia Maria para fazerem juntos suas orações da noite e agradecer pelas bênçãos do dia.

Vovô Juca estava viúvo. Sua esposa, Dona Lia, havia desencarnado e ele vivia em companhia da filha Maria.

Era uma graça ouvir a menina chamá-los à noite.

– Vovô Juuuca! Tia Mariiia! Vamos rezar juntos?

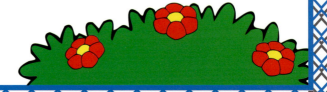

Os dias passaram cheios de Sol e alegria. Em todos eles, Sr. Juca e Ana cuidaram bem das futuras árvores. Carpiam os matos que cresciam ao redor das plantas e regavam-nas frequentemente.

Era tão bonito ver a menina com seu pequeno regador... Muito atarefada, levava os pacotinhos de adubo natural preparado com musgos e folhas, ajudando o Sr. Juca no plantio das sementes e no cuidado com as novas mudas.

Estava, agora, muito interessada em renovar a paisagem da estrada.

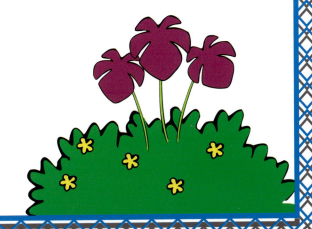

Vovô Juca e os caroços de manga

Interessada no novo projeto do vovô Juca, Ana passou a ajudá-lo no plantio das sementes.

Ana, feliz com a explicação do avô, exclamou:

– Sabe, vô, eu acho que a estrada ficará linda quando as mangueiras crescerem, e todos poderão apanhar as mangas madurinhas e descansar em sua sombra.

E, motivada, começou a ajudá-lo nessa tarefa.

O trabalho útil oferece-nos alegria e paz.

As árvores gostam de apreciar as crianças brincarem cheias de vida e de alegria...

– Sabe, querida – respondeu-lhe, tranquilamente, o avô –, as árvores têm o objetivo de proporcionar sombra aos trabalhadores suados e cansados que as procuram depois do trabalho...

"Participam da alegria das famílias que vêm passar o feriado no parque e gostam de lanchar, estendendo suas toalhas debaixo delas.

"É tão bom para as árvores aconchegar os velhinhos que se sentam tranquilos, aproveitando a sua sombra.

"Elas gostam de apreciar as crianças brincarem, cheias de vida e alegria, saboreando os seus frutos.

"É isso que faz com que as árvores sejam felizes, isto é, que tenham uma razão para viver.

"Todos nós precisamos de uma razão para viver."

O diálogo de Ana com o seu avô

– O senhor adora as árvores, não é, vô? – Perguntou-lhe Ana, com um sorriso.

– Sim, eu gosto muito delas! Respondeu-lhe o avô...

– Então, fale mais sobre as árvores. Estou curiosa!

Sr. Juca e Ana, contentes, sentaram-se na grama macia do jardim para conversar sobre a Natureza.

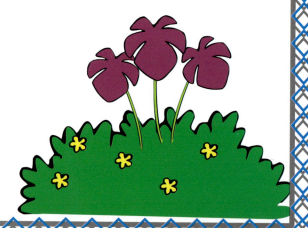

– Minha filha, tenho um projeto! Gostaria de plantar vinte mangueiras na estrada. Dez árvores de cada lado.

"Penso em plantar estas sementes na estrada formando um belo pomar. Você quer me ajudar? – Perguntou-lhe, com carinho."

Sr. Juca continuou a preparar os caroços, explicando:

– Veja! Estas sementes estão cheias de vida. Se as plantarmos, logo teremos novas árvores, ricas em frutos, beleza e sombra. E todos que por aqui passarem poderão se beneficiar com a presença delas.

"Quando eu era criança, vi meus pais plantando essas árvores que hoje dão sombra, beleza e alimento ao nosso sítio.

Agora é a minha vez de contribuir para a alegria e o bem-estar da comunidade".

O avô, que a observava, recolheu as sementes espalhadas pelo chão e, lixando-as bem, colocou-as ao Sol para secar.

Ana ficou sem entender e perguntou para o Sr. Juca:

– Vovô, por que isso agora? Para que tanto trabalho? Venha provar estas mangas! Estão uma delícia!

Com calma, Vovô Juca explicou-lhe a sua intenção:

As mangas estavam madurinhas! Davam água na boca.

No pomar do sítio Beija-flor

Depois de matar as saudades, foi rever o pomar. As frutas estavam amarelinhas e davam água na boca. Era uma festa para os olhos e para o paladar. Subiu em uma mangueira e começou a saborear as deliciosas frutas, jogando os caroços no chão.

Olhava, encantada, para o verde das folhas e para o amarelo apetitoso das frutas.

Ana sentia saudades do seu avô...

Já no sítio Beija-flor, logo que chegou, correu ao encontro do avô, beijando-o e abraçando-o com todo o carinho. Estava com saudades...

Aconchegada em seu colo, contou-lhe as novidades da família, da escola e os seus planos de férias.

Ana adorava o avô. O carinho do bom velhinho fazia muito bem à menina.

O mais precioso presente que podemos oferecer às pessoas que amamos é o nosso carinho e afeição.

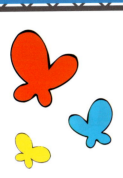

Ana estava saturada dos programas de televisão, dos desenhos animados sem criatividade, dos filmes violentos, dos jogos de videogame, dos computadores...

Queria respirar, correr, brincar à vontade e aprender com a mestra Natureza lições mais belas e valiosas.

– Muito obrigada, Sol, Lua, estrelas, flores, pássaros, águas, pela festa de alegria que nos oferecem todos os dias – dizia Ana, encantada.

Vovô Juca e os caroços de manga

O rio Cristal, dentro da fazenda Beija-flor.

A fazenda toda acordava feliz com os cantos dos pássaros que desde cedo procuravam alimento.

Eles estavam sempre a cantar:

"Piu, piu, piu. O novo dia é uma festa! Piu, piu, piu. Como é bom viver!"

Mas festa mesmo faziam os micos com suas artes e acrobacias...

À noite, as famílias se reúnem para ouvir músicas, cantar e conversar sobre os assuntos do dia a dia.

Havia um riozinho que nascia no alto da serra e passava pelo sítio. Era o rio Cristal.

Ana planejava passeios de barco, torneios de natação e tranquilas pescarias com o avô, tia Maria e as crianças da fazenda.

Não via a hora, também, de poder cuidar dos potrinhos mais novos, levando-lhes cenoura, milho e escovando os seus pelos. Adorava também cuidar dos bezerros, cabritos e ovelhas recém-nascidos.

Sem falar nas lindas histórias que a tia Maria iria lhe contar todas as noites, ouvindo, também, os violeiros e os sanfoneiros entoando as tranquilas melodias populares, tão ao gosto do povo simples da roça.

Não cabia em si de tanta alegria.

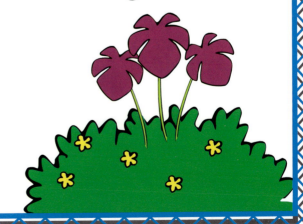

Vovô Juca e os caroços de manga

Ana e o vovô Juca cuidando dos bezerros do sítio, com muito carinho.

Apresentando a nossa amiga Ana

Ana era uma menina alegre, vivaz e muito inteligente. Cursava o 2º ano do Ensino Fundamental I e todos os anos passava as férias de dezembro no sítio Beija-flor, em companhia de seu querido avô Juca.

Neste ano, a sua imaginação estava "a mil".

Pensava nos passeios a cavalo, nas brincadeiras com a garotada e na comida natural e tão gostosa do campo.

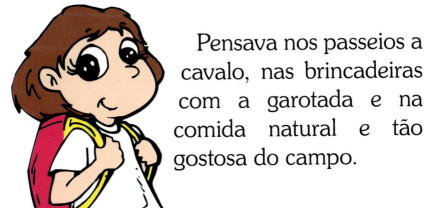

Querido amigo!

Você já reparou que, quando Jesus, o nosso querido Mestre, queria ensinar-nos algo a respeito da vida, este sublime dom de Deus, tirava sempre exemplos da Natureza?

Gosto, especialmente, da passagem evangélica da semente de mostarda:

"O Reino dos Céus é semelhante a uma semente de mostarda que um homem tomou e plantou no seu campo; é, na verdade, a menor de todas as sementes, mas, depois de crescida, torna-se o maior dos arbustos e faz-se árvore, de tal modo que as aves do céu vêm pousar nos seus ramos." (Marcos, 4: 30 a 32.)

A nobre benfeitora Joanna de Ângelis, através das mãos abençoadas de Divaldo Franco, tem nos trazido mensagens interessantes. Numa delas, a mentora leciona sobre a riqueza da semente, na sua capacidade de crescer, florescer e produzir frutos: "Estás plantado, semente de luz que és, onde deves florescer e frutescer...

Onde te encontres, podes e deves favorecer com frutos de amor aqueles que te cercam." (FRANCO, Divaldo; ÂNGELIS, Joanna de [Espírito]. Onde estejas, floresce. In: **Luz da Esperança.** Rio de Janeiro: Spirita F. V. Lorenz, 1986, p. 36.)

Como vimos, o nosso coração é rica semente...

Estamos vivendo no lugar certo. É onde podemos e devemos produzir, sendo motivo de alegria para todos.

É bem verdade que as pequenas sementes podem dar origem a fartas colheitas.

Vocês estão convidados a viajar conosco até a fazenda Beija-flor e juntamente com nossos novos amigos, vovô Juca e a sua neta Ana, descobriremos como nossa existência na Terra pode ser fascinante.

Um abraço com carinho.

Salvador, inverno de 1999.
Maria Anita Rosas Batista

À querida D.ª Ana Franco

Pelos seus exemplos de amor
materno e fraternal.

A autora